With love

With love

WRITTEN BY

FOR YOU
PAPA

With love

With love

I LOVE YOU BECAUSE

_____

_____

_____

_____

YOU ARE THE BEST AT

_____

_____

_____

_____

I ALWAYS SMILE WHEN YOU

_____

_____

_____

_____

YOU MAKE
THE BEST

_____

_____

_____

_____

MY FAVORITE THING TO DO WITH YOU

With love

With love

With love

With love

YOU ARE FUNNY BECAUSE

With love
With love
With love
With love

I LOVE IT WHEN YOU

_____

_____

_____

_____

MY FAVORITE MEMORY WITH YOU IS

_____

_____

_____

_____

WHAT I LIKE THE MOST ABOUT YOU

YOU MAKE ME HAPPY WHEN YOU

YOU ARE SPECIAL BECAUSE

_____

_____

_____

_____

With love

With love

With love

With love

IF I COULD GIVE YOU ANYTHING IT WOULD BE

_____

_____

_____

_____

YOU LOOK CUTE WHEN YOU

_____

_____

_____

_____

With love

With love

With love

With love

I FEEL SPOILED WHEN YOU

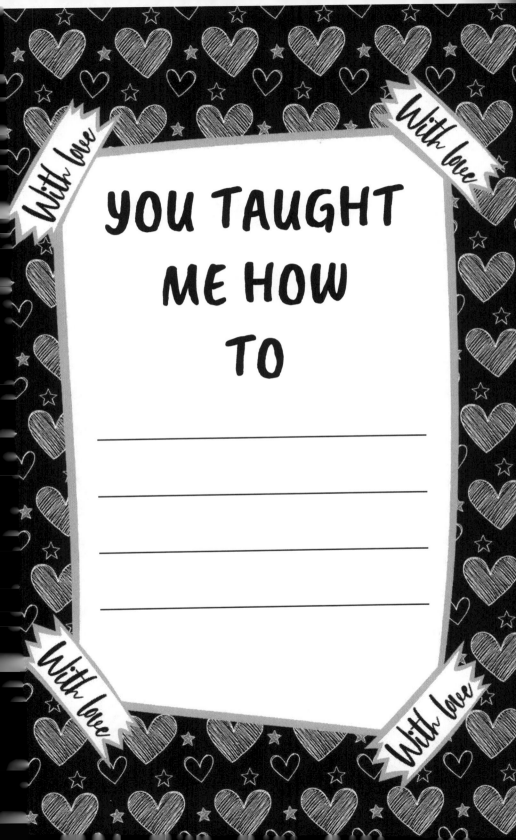

YOU TAUGHT ME HOW TO

_____

_____

_____

_____

With love

With love

With love

With love

THANK YOU FOR

YOU MAKE ME FEEL SPECIAL WHEN

_____

_____

_____

_____

YOU ARE SO KIND WHEN YOU

YOU ARE THE COOLEST WHEN YOU

_____

_____

_____

_____

MY FAVORITE THING YOU SAY IS

_____

_____

_____

_____

With love

With love

With love

With love

YOU INSPIRE ME WHEN YOU

I LOVE TO GO WITH YOU TO

_____

_____

_____

_____

I LOVE THE WAY YOU

_____

_____

_____

_____

With love

With love

YOU ALWAYS TELL ME I AM

_____

_____

_____

_____

With love

With love

I KNOW YOU WILL NEVER

_____

_____

_____

_____

YOU BUILD ME UP WHEN YOU

YOU LOVE ME BECAUSE

_____

_____

_____

_____

YOU ARE NOT VERY GOOD AT

_____

_____

_____

_____

With love

With love

With love

With love

I WOULDN'T TRADE YOU FOR ALL THE

_____

_____

_____

_____

YOU ARE AS SMART AS

_____

_____

_____

_____

YOU ARE AWESOME BECAUSE

With love

With love

With love

With love

I WILL ALWAYS NEED YOU BECAUSE

With love

With love

With love

With love

THE BEST GIFT YOU EVER GAVE ME IS

_____

_____

_____

_____

With love

With love

With love

With love

SPENDING TIME WITH YOU IS

_____

_____

_____

_____

YOU SMELL LIKE

_____

_____

_____

_____

YOU ARE AS SWEET AS

I GET VERY EXCITED WHEN YOU

_____

_____

_____

_____

With love

With love

With love

With love

I WILL NEVER FORGET YOU BECAUSE

YOU CARE ABOUT ME WHEN YOU

_____

_____

_____

_____

With love

With love

With love

With love

YOU ARE MY
BEST FRIEND
BECAUSE

_____

_____

_____

_____

YOU ENCOURAGE ME WHEN YOU

With love

With love

With love

With love

WE SHARE THE SAME

_____

_____

_____

_____

Made in the USA
Middletown, DE
06 September 2024

60445797R00057